AF338507

LA RÉPUBLIQUE S'AMUSE

PAR

M. LE COMTE A. DE ROUGÉ

CONFÉRENCE FAITE LE 29 JANVIER 1883

AU GYMNASE PASCAUD

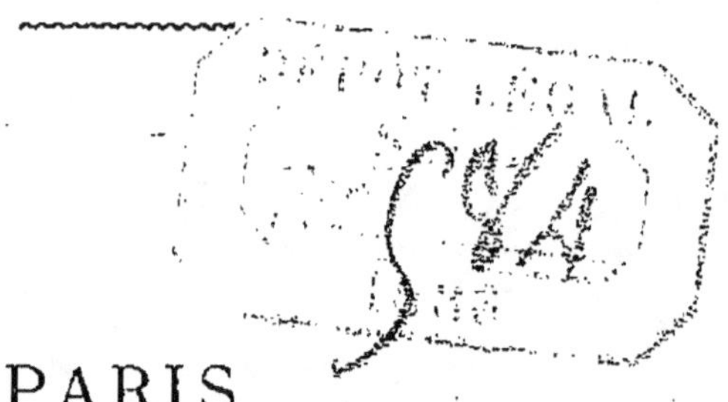

PARIS

ANCIENNE MAISON CH. DOUNIOL

JULES GERVAIS, LIBRAIRE-ÉDITEUR

29, RUE DE TOURNON, 29

—

1883

LA RÉPUBLIQUE

D'après une gravure du dix-huitième siècle, à la Bibliothèque
nationale. — La torche d'une main, le poignard de l'autre, la
tête couronnée de serpents, vêtue d'une robe illustrée de têtes
de morts, la République marche entre l'incendie et la guillotine,
foulant aux pieds la croix et l'Évangile, la tiare et la couronne
royale de France.

Paris. — Typ. Pillet et Dumoulin, 5, rue des Grands-Augustins.

LA

RÉPUBLIQUE S'AMUSE,

Je me propose de vous montrer ce soir ce
qu'est devenue la France depuis ces quatre
années de vraie république. Vous verrez si j'ai
raison de dire que la République s'amuse ; c'est
même je dirai sa seule excuse, car, ne faisant pas
les affaires du pays, il est évident qu'elle doit au
moins faire les siennes.

Oui, Messieurs, c'est parce que la République
s'amuse qu'elle ne nous amuse pas.

Nous allons jeter ensemble, si vous le voulez
bien, un coup d'œil rapide sur notre situation
financière. Je vous dirai brièvement ensuite ce

qu'on a fait, ou prétendu faire, des différents corps de l'État. Peu m'importe quels sont les ministres; s'ils passent, leurs œuvres restent, comme des monuments de faiblesse, d'incapacité et de haine.

A la tête du département des finances, nous trouvons un ancien bijoutier en faux qui, par habitude, est pour l'exportation; il est secondé par un sous-secrétaire d'État dont on a oublié de porter le traitement au budget, oubli impardonnable s'il en fût, quand on songe que ce fonctionnaire emploie ses loisirs à envoyer des circulaires pour se renseigner sur les opinions et les relations de ses administrés. Ainsi est composée la direction de ce département où l'on sait égarer des millions.

J'ai hâte, Messieurs, de dire que je ne rends pas l'ex-ministre du commerce responsable des fautes de son ancien collègue; les faiblesses de l'un ont été doublées par l'incapacité de l'autre [1].

En 1875, le dernier budget de l'Assemblée nationale se soldait par 78 millions d'excédent sans avoir eu recours à aucune ressource extraordinaire.

En 1882, au lieu d'un excédent de 78 millions, nous nous trouvons en face d'un découvert de

1. Allusion à M. Tirard, bijoutier en faux.

75 millions, et cela, malgré une ressource extra-ordinaire de 50 millions.

Le budget de 1875 s'élevait à 2 milliards 600 millions, celui de 1883 s'élève à 3 milliards 100 millions : soit 500 millions d'augmentation pour les dépenses ordinaires ; si nous y ajoutons les dépenses extraordinaires, nous avons en 1883 un budget supérieur de un milliard à celui de 1875.

A l'heure présente, le budget de 1883 est en déficit de 67 millions : — pour 32 millions de recettes, qui figurent dans le budget et ne lui appartiennent pas, et pour 35 millions de dépenses qui lui incombent, et auxquelles il ne pourvoit pas. Enfin, en majorant les recettes de 80 à 100 millions, il ne couvre que par un expédient fictif l'embarras d'un jour en préparant, pour le lendemain, un déficit inévitable.

De plus, on prétend consolider une partie de la dette flottante en mettant des titres de rente dans la caisse des dépôts et consignations : mais les déposants conservant toujours la faculté de demander leur remboursement en espèces, le gouvernement n'a pas le droit d'appeler cette dette une dette consolidée.

Quant au budget extraordinaire, il est de 530 millions ; 330 sont fournis par des crédits reportés des exercices précédents, 100 sont fournis en battant le rappel de toutes les ressources ordinaires et extraordinaires disponibles.

Quant aux derniers 100 millions, on les emprunte à la dette flottante, or cette dette se compose de 850 millions, auxquels il convient d'ajouter le milliard que le gouvernement considère comme consolidé.

C'est fort justement qu'on a dit au Sénat : « Nous ne sommes pas maîtres de la situation, c'est la situation qui nous tient ; nous ne commandons pas à la dépense, c'est la dépense qui nous fait la loi. »

Voyons maintenant par quoi est nécessitée cette augmentation de notre budget.

Par la réalisation du fameux plan Freycinet, c'est-à-dire par la construction de chemins de fer et de canaux, dont l'utilité est contestable au point de vue commercial, mais indubitable au point de vue politique : Chaque député veut obtenir son petit réseau pour maintenir son influence et caser ses créatures ; de là, comme l'a dit M. Léon Say, on entreprend des lignes de chemins de fer sans savoir comment on les exploitera, et même sans savoir si on les achèvera. Après cela doit-on être étonné de se trouver en face d'un budget de travaux publics surchargé de dépenses et hérissé de difficultés [1] ?

1. M. Hérisson, ministre des travaux publics.

Par la construction d'écoles et de lycées, la république veut émerveiller les populations et leur faire croire que seule elle sait faire grand, que seule elle s'intéresse à l'enfance, qu'elle veille à la diffusion rapide de la lumière intellectuelle. Elle veut sans doute faire aller le bâtiment, car, dit-on, quand le bâtiment va, tout va.

Vous allez voir ce que nous coûtent ces édifices scolaires, au frontispice desquels on inscrit ces mots mensongers : *Liberté, Égalité, Fraternité*, et dans lesquels l'oppression conduit les enfants, auxquels, au nom de l'arbitraire, on enseigne la vengeance.

Le budget de l'instruction publique était de 59 millions en 1880 ; il est de 134 millions en 1883, sans compter le budget extraordinaire, qu'on a doté de 400 millions, chiffre qui menace d'être porté à 700 millions.

A toutes ces dépenses, il convient d'ajouter encore les charges que l'on impose de force aux communes pour leurs écoles.

Vos enfants sont-ils mieux instruits ? Sont-ils mieux élevés ? Certes, il y a parmi les instituteurs laïques des individus très méritants ; mais il a fallu subitement augmenter le nombre de ces instituteurs pour lutter avec l'enseignement congréganiste.

La république a fait chasser Dieu de l'école et a

mis dans les mains des enfants des livres que la conscience réprouve, mais que la spéculation et l'amitié rendent obligatoires.

Quand le dévouement ne préside pas à l'enseignement, celui-ci est un écueil pour le maître comme pour l'élève. Voyez plutôt ce qui s'est passé dernièrement dans une école laïque des environs de Paris.

Un père, qu'on ne saurait accuser de cléricalisme, puisqu'il avait fait choix de l'école laïque, voit rentrer son fils courbé par la souffrance, et se plaignant d'un coup que l'instituteur adjoint lui avait donné dans un mouvement d'expansion. L'état de l'enfant s'aggravant, le père alla chez le maire déposer sa plainte ; celui-ci promit de faire une enquête, mais s'en garda bien. Il se rendit alors chez le juge de paix qui promit, mais fit comme le maire ; l'inspecteur vint, mais refusa de voir l'enfant ; on espérait avec le temps étouffer l'affaire.

Sous la république, la conscience est comme la mort : elle ne parle pas.

Pour placer ses créatures, le gouvernement a mis à la retraite, par anticipation, une foule de braves fonctionnaires, coupables de tiédeur envers la vraie république ; de là pour le trésor des charges aussi lourdes qu'inutiles.

Mais la République s'amuse.

LIBERTÉ, ÉGALITÉ, FRATERNITÉ, OU LA MORT

Fac-similé d'une gravure de l'époque révolutionnaire. — Le Peuple français, personnifié par un citoyen auquel on a bandé les yeux, s'efforce en vain de saisir la Liberté, l'Égalité et la Fraternité, qui le narguent ; seule, la Mort s'avance et lui tend les bras.

Il a fallu aussi pensionner les victimes du Deux-Décembre; dans le nombre, il y en a, je le reconnais, de bien intéressantes : ainsi cette troupe d'énergumènes qui, dans l'Ain, a attaqué le courrier, a pillé les fermes, et qui touche aujourd'hui 18,600 francs de rente.

Pour vérifier les dépenses, nous avons une cour des comptes, mais les augmentations de traitement ne regardent son président que lorsqu'elles le touchent de près [1].

J'arrive à l'expédition de Tunisie.

Vous rappelez-vous quand on fit, en 1881, les élections d'une façon si précipitée? Nous, royalistes, nous vous avons dit : c'est pour avoir l'argent de la France et le sang de vos enfants. Le gouvernement a démenti nos paroles, les a traitées de manœuvres électorales. Eh bien! Avions-nous assez raison? Quelles sommes ont été englouties en Tunisie! Combien des nôtres y sont restés victimes du climat ou de la maladie!

A cette époque on inventait les Kroumirs pour seconder quelque entreprise financière; il est juste d'ajouter qu'en Égypte, où nous avions de sérieux intérêts, on a laissé massacrer nos nationaux

1. Allusion au fils de M. Bethmont, président de la cour des comptes.

tandis que nos braves marins avaient la douleur de s'éloigner, laissant la parole aux canons anglais.

Renonçant à l'intervention armée, on a eu recours aux finesses de la diplomatie ; elles ont abouti, vous le savez, à cet aveu d'impuissance et d'isolement que le président du conseil a lu dernièrement à la tribune. Ce n'est pas debout qu'on devrait faire de semblables aveux, mais, ce jour-là, l'état de santé du ministre a été son excuse [1].

Comment la république est-elle représentée à l'étranger? Trop souvent par des ministres improvisés, dont le choix est inspiré par la politique intérieure plus que par des nécessités diplomatiques. La moralité de nos ambassadeurs importe aussi peu à notre gouvernement que leur mérite aux puissances étrangères.

Mais la République s'amuse.

Tout le monde veut avoir part à la curée.

Au conseil municipal, vous avez vu vos édiles se voter, sous des formes diverses, de véritables émoluments, 356,000 francs. Le gouvernement, il est vrai, a rejeté le somme affectée aux jetons de présence, laissant subsister 96,000 francs comme frais de déplacements. Si toutes les com-

---

1. M. Duclerc avait mal au genou.

munes de France agissaient de même, ce serait un joli denier à ajouter à tous ceux que nous payons déjà.

Et puisque je suis au conseil municipal, je ne le quitterai pas sans vous dire, avec M. Germer Baillière, comment l'a quitté M. Floquet.

« La veille de son départ de la préfecture de la Seine, M. Floquet a fait nommer son chef de cabinet régisseur de l'octroi, ce qui lui vaut 16,000 francs d'appointements, et son secrétaire particulier obtenait, grâce à l'influence de son ancien patron, une recette d'octroi de 5,000 fr. » M. Germer Baillière trouve avec raison que ces faits sont fâcheux et découragent le personnel de l'administration.

Mais, Messieurs, la République s'amuse.

La république enterre ses grands hommes avec nos millions; elle peut décréter des grands hommes, mais elle ne refera pas la fortune publique.

Vous connaissez ces hommes : l'un meurt à Nice et est enterré à Paris, l'autre meurt à Paris et on l'enterre à Nice; échange de cadavres et de bons procédés.

Jamais la poudre n'avait parlé si près des oreilles de l'ancien délégué à la défense nationale que le jour de ses funérailles. Il n'en est pas de même des Arabes, aux yeux bleus, qui suivaient son convoi, car ceux-ci n'étaient autres que de simples employés de bureau qu'on avait décidés, moyennant 3o francs, à endosser cette tenue orientale.

La république me paraît ressembler à ces mères qui, prises d'accès de folie, se livrent à tous les débordements autour du cadavre de leur enfant.

On a voulu faire de cet homme le chêne de la république, le chêne n'est plus ; reste le roseau , cette plante qui plie à tous les courants et croît dans les marécages.

Quant à la magistrature qui n'imitait pas la souplesse du roseau, on a préparé une loi pour la transformer en un rouage soumis, et, suivant un mot fameux, lui faire rendre non des arrêts, mais des services. Il faut que les jugements des magistrats soient conformes à la volonté des députés ! Il faut que la justice soit à la hauteur du tribunal des conflits. Qu'on y prenne garde ! quand la loi n'est plus l'expression du droit, elle n'est plus que la force, et la force ne peut longtemps prévaloir contre le droit.

Ces mots de droit et de force me conduisent à vous parler de l'armée. Jusqu'ici elle représentait la force unie au droit ; son droit ne sera bientôt plus qu'un vain mot. Peu importe qu'on aime son pays, qu'on soit prêt à verser son sang pour lui, si l'on n'est pas admirateur de la république.

Pour faire des économies, on vient d'envoyer

en congé cinq mille hommes par corps d'armée ; il est vrai que les recettes diminuent.

Écoutez plutôt ce qu'écrivait dernièrement M. Léon Say :

« Où l'abus est porté le plus loin, c'est dans les demandes en remises d'amendes ou en abandon de procès-verbaux en matière de contraventions aux lois fiscales. Il y a des redevables contre lesquels les agents du recouvrement n'ont plus le courage de verbaliser, car ce serait s'attirer des inimitiés et s'exposer à des dénonciations. Aussi l'impôt indirect rentre-t-il fort mal ; il serait d'ailleurs bien étonnant que, dans de semblables conditions, le produit n'en baissât pas. »

Le total général des constatations de contraventions en matière de boisson était de 46,842 en 1876, il est tombé à 18,586 en 1881, et, sur ce nombre, plus de deux mille procès-verbaux n'ont pas été suivis d'effet. De 1876 à 1879, les constatations ont diminué de neuf pour cent par an ; de 1880 à 1881, de vingt-deux et demi pour cent par an.

« Avec une rapidité de décroissance aussi accélérée, comme il ne reste plus que 18,586 constatations en totalité, on pourra renvoyer les agents de la surveillance au mois de juillet 1883, car ils n'auront plus rien à faire à partir de ce moment.

« En réalité, il n'y a plus de répression et la fraude devient de droit commun.

« Henri Heine disait que les hommes enfermaient quelques-uns de leurs semblables dans des maisons qu'on appelait des maisons de fous, pour faire croire que ceux qui restaient libres étaient des gens raisonnables.

« On peut regarder les procès-verbaux d'aujourd'hui comme Henri Heine regardait les maisons de fous de son temps. Si les sous-secrétaires d'État politiques consentent encore à ce que l'on fasse des constatations, c'est pour faire croire que ceux contre lesquels on ne verbalise pas ne sont pas fraudeurs. »

Comme vous venez de le voir, Messieurs, la république a ses Triboulet, seulement leur bosse leur est tombée dans le ventre.

Le commerce souffre; chaque année voit l'importation augmenter dans des proportions alarmantes, tandis que l'exportation diminue.

Les grèves incessantes ont déterminé à l'étranger la fondation d'établissements de concurrence; le mal ne saurait donc être considéré comme passager.

Pour pouvoir disposer plus facilement des deniers des contribuables, on a fait une loi retirant tout contrôle à ceux qui payent l'impôt. Actuellement il ne reste plus qu'à se soumettre aux exigences de la république ou à songer à s'en délivrer.

. Victor Hugo a dit : « Il faut bourrer son fusil et attendre. » Nos armes à nous sont la conscience du devoir, la révolte de l'honnêteté, le sentiment de la justice ; elles sont bourrées avec l'article 7 et toutes les lois d'oppression. Ne niez pas, Messieurs, la valeur de ces armes ; elles sont de celles qui partent au moment où l'on ne s'y attend pas ; c'est la république qui les a chargées ; c'est elle aussi qui a le doigt sur la détente.

Je viens, Messieurs, de prononcer le nom de Victor Hugo, de cet homme chez lequel le souffle poétique a diminué à mesure que le souffle révolutionnaire a grandi et que l'orgueil s'est substitué à Dieu.

Après avoir été le courtisan de la royauté, le poète a cru bon de la railler.

Certes, Messieurs, je n'ai pas la prétention de défendre systématiquement la conduite privée de tous nos Rois, mais je dois vous avouer que je pardonnerais beaucoup à la république, si elle avait fait autant pour la France que le Roi François Ier.

Sous ce règne, la Bretagne, la Marche, le Perche, le Beaujolais, le Bourbonnais, l'Auvergne, le Lyonnais sont venus agrandir singulièrement le royaume de France.

C'est sous François Ier qu'a été créé le port du Havre, c'est sous son impulsion qu'on a élevé ces magnifiques monuments de la Renaissance, c'est à cette époque qu'on a construit Chambord, ce chef-d'œuvre que, dans des temps meilleurs, la France reconnaissante venait offrir au Prince qui, aujourd'hui comme alors, personnifie toutes ses espérances. C'est sous ce règne aussi que fut commencée cette belle demeure de Chenonceaux, où parfois le président de la république va se distraire des fatigues du pouvoir.

François Ier n'a cessé d'encourager les lettres et les sciences, et, pour finir, c'est sous son règne qu'un ambassadeur vénitien disait : « La France est le pays le plus uni qu'il y ait au monde. »

« Que les temps sont changés ! »

Et, Messieurs, si je ne me retenais, ce ne serait pas le seul emprunt que je ferais ce soir à l'auteur du *Songe d'Athalie*...

Je n'entrerai pas dans le détail de ce que les Rois ont fait pour la France. Après l'avoir créée, ils l'ont vue grandir avec joie ; les uns l'ont pacifiée et enrichie, comme Henri IV ; les autres, comme Louis XIV, l'ont rendue la première nation du monde ; tous l'ont aimée de « violente amour ».

En 1789, le Roi, qui bientôt devait être martyr, était à la tête du mouvement qui se manifestait alors. Écoutez plutôt ces paroles de Mirabeau, après le discours royal du 23 juin 1789 :

« Ce que vous venez d'entendre pourrait être le salut de l'État si les présents du despotisme n'étaient pas toujours dangereux. »

D'un côté la bonté royale, de l'autre la méfiance haineuse.

Après les heures d'égarement, la France tomba entre les mains d'un capitaine, qui s'est fait un nom dans l'histoire avec le sang et la fortune du pays. Épuisée par vingt années de malheurs et de luttes, la France, pour réparer ses désastres, a eu recours à la royauté traditionnelle ; elle a forcé la main à l'étranger, prêt à se partager ses dépouilles. Confiante, elle a demandé au frère de la victime d'être le sauveur de la patrie.

Vous savez, Messieurs, comment Louis XVIII a su faire respecter ses droits et reconquérir sa légitime influence dans le concert européen. Dès le premier jour, au palais des Tuileries, il reprend le pas sur tous, marchant devant les souverains, nos vainqueurs.

Pour la gestion des finances, durant la Restauration, je laisse la parole à M. Calmon :

« C'est au point de vue tout spécial des finances qu'est entrepris le travail, dont nous livrons aujourd'hui la première partie au public ; et ce point de vue n'est pas le moins favorable sous lequel puisse être appréciée la Restauration, car c'est surtout par sa bonne gestion de la fortune publique qu'elle a des titres incontestables à la gratitude du pays. Aucun lien politique, aucun souvenir de sympathie ne nous rattache à ce régime. »

Et plus loin :

« Ajoutons qu'au milieu des charges si lourdes, auxquelles ce gouvernement a eu à subvenir, les ministres ont constamment pris à tâche de maintenir l'équilibre le plus rigoureux dans les budgets; et lorsque parfois les recettes ont été supérieures aux dépenses, les excédents, au lieu d'être employés par avance, ont été mis en réserve et reportés comme ressources aux exercices suivants. »

A cette époque, le budget était de 900 millions environ et la dette de 4 milliards.

Aujourd'hui, nous avons deux budgets, qui s'élèvent à 4 milliards, et la dette de la France, y comprenant la dette départementale, s'élève à 35 milliards.

Pour la liste civile, comme le rapporte M. Alphonse Gauthier, le Roi, voulant prendre sa part dans les malheurs publics, a abandonné, en trois exercices, près de 20 millions au trésor.

Louis XVIII ne traitait pas les demeures royales en usufruitier parcimonieux ; il consacrait

chaque année des sommes considérables à leur
entretien et quelquefois même de nobles infor-

PORTRAIT DE SIMON

Cordonnier à Paris, officier municipal ; dessiné d'après nature,
par Gabriel.

tunes y trouvaient un abri. Aucune misère ne
lui restait étrangère : artistes, écrivains, poètes,
tous avaient part aux largesses royales : Lamar-
tine, Casimir Delavigne, Victor Hugo, qui ne

songeait nullement alors à traiter les Rois de monstres, de bandits et de vampires.

Vous avez vu, Messieurs, comment la monarchie a refait la fortune de la France, je vais vous montrer comment la famille royale sait pardonner.

LOUIS XVII, ENFANT

La supérieure de l'hospice des Ménages, ayant obtenu une audience de Madame la Duchesse d'Angoulême, se sentait interdite en sa présence : « Que voulez-vous, ma Sœur? dit la Princesse. — Madame, il y a dans l'hospice une malheureuse femme qui est l'objet de la répulsion générale ; personne ne veut la secourir. — Quelle est cette femme ? demande la Dauphine. — Pardonnez-moi, Madame, balbutie là Sœur, c'est la veuve de Simon, le geôlier du Temple. »

Un frisson s'empare de Madame qui, surmontant son émotion, reprend aussitôt :

« Vous avez raison, ma Sœur, nulle autre que moi ne doit secourir la femme du geôlier de mon frère. » Et aussitôt elle remet un secours à la sœur, qui se retire en pleurant. Soudain rouvrant la porte :

« Ma Sœur, s'écrie la princesse, cette femme prend peut-être du tabac? voilà de quoi lui en procurer. »

Messieurs, j'ai voulu vous raconter cette histoire dans son éloquente simplicité ; elle prouve mieux que je ne saurais le faire comment les descendants de nos Rois savent toujours rester Français.

Je vous ai montré, ce soir, comment la république menait nos affaires, et indiqué brièvement l'heureuse influence de la monarchie traditionnelle sur les destinées du pays. Je n'ai que deux mots à ajouter pour répondre à ceux qui disent que nous conspirons, à ceux qui disent que le Roi ne veut pas venir.

On nous accuse de conspirer.

Si travailler au grand jour, si désirer ardemment le retour de la monarchie qui, après avoir fait la France, l'a sauvée à plusieurs reprises, est conspirer ; oui, certes, Messieurs, nous conspirons. Nous ne portons d'autres poignards que ceux que la République a enfoncés dans nos cœurs [1]. Mais les coups redoublent nos ardeurs et augmentent nos espérances.

Les anarchistes conspirant contre les intransigeants, les intransigeants contre les opportunistes, on a voulu avoir des lois de répression, et, pour les faire agréer à nos braves législateurs, on a commencé par les terroriser avant de terroriser le pays. Mais ces terreurs ressemblent singulièrement à celles qui assaillent les coupables et les assassins à leur dernière heure.

A ceux qui disent que le Roi ne veut pas venir, je répondrai par les paroles de M. le Comte de Chambord : « On abdique des droits, on n'abdique pas des devoirs. » Il connaît ses droits comme il comprend ses devoirs. Il veut faire le bien de la France, et pour pouvoir faire le bien de tous, il ne veut être entravé par rien. Il se rappelle le testament de Louis XVI et ne veut pas qu'un petit nombre dispose, vis-à-vis de lui, des destinées du pays, en lui dictant des conditions.

Le Roi veut avoir la liberté d'être à la hauteur de son devoir.

1. Allusion aux poignards que chaque royaliste est accusé de porter, par M. Rochefort.

La France, empoisonnée, discute le contre-poison. Le virus révolutionnaire fait ses ravages dans les artères sociales; le mal, en gagnant les générations qui s'élèvent, gagne le cœur de la patrie.

Debout, Messieurs, l'heure de Dieu semble proche! La France laissera-t-elle s'achever l'année qui commence sans prendre la parole, sans manifester hautement à la Révolution qu'elle en a assez?

Que peut-on sans la France? — Rien!

Que peut-on avec la France? — Tout!

Faïence du temps du roi Louis XVIII.